ΓΡΑΦΟΝΤΑΣ ΜΙΑ ΑΠΟΤΕΛΕΣΜΑΤΙΚΗ ΣΥΝΟΔΕΥΤΙΚΗ ΕΠΙΣΤΟΛΗ

- **Πρόβλημα;** Πώς να γράψω τη συνοδευτική επιστολή που θα μου εξασφαλίσει μια συνέντευξη για δουλειά;

- **Για ποιο λόγο;** Η συνοδευτική επιστολή συμπληρώνει και διευκρινίζει το βιογραφικό σημείωμα. Επιτρέπει στον υποψήφιο να δώσει έμφαση σε ορισμένα πλεονεκτήματα και όχι σε άλλα, ανάλογα με την εταιρεία για την οποία υποβάλλει αίτηση- προσφέρει επίσης στον εργοδότη τη δυνατότητα να συνδέσει το προφίλ, την προσωπικότητα, την εμπειρία, τις δεξιότητες και τα κίνητρα του υποψηφίου.

- **Επαγγελματικό πλαίσιο?** Αναζήτηση εργασίας ή πρακτικής άσκησης, επαγγελματικός αναπροσανατολισμός.

- **ΣΥΧΝΕΣ ΕΡΩΤΗΣΕΙΣ?**

  - Ποιες είναι οι ιδιαιτερότητες μιας συνοδευτικής επιστολής που αποστέλλεται μέσω ηλεκτρονικού ταχυδρομείου;

  - Συνιστάται να γράψετε μια συνοδευτική επιστολή με το χέρι;

  - Πρέπει πάντα να στέλνω συνοδευτική επιστολή μαζί με το βιογραφικό μου σημείωμα;

ΓΡΑΦΟΝΤΑΣ ΜΙΑ ΑΠΟΤΕΛΕΣΜΑΤΙΚΗ ΣΥΝΟΔΕΥΤΙΚΗ ΕΠΙΣΤΟΛΗ

Στείλτε την αίτησή σας για εργασία

ΓΡΑΦΟΝΤΑΣ ΜΙΑ ΑΠΟΤΕΛΕΣΜΑΤΙΚΗ ΣΥΝΟΔΕΥΤΙΚΗ ΕΠΙΣΤΟΛΗ

Στείλτε την αίτησή σας για εργασία

γραμμένο από Benoit Janssens
μεταφρασμένο από Lina Sideris

50MINUTES.com

- Τι επιχειρήματα μπορείτε να προβάλλετε αν έχετε ελάχιστη ή καθόλου επαγγελματική εμπειρία;

- Είναι δυνατόν να εισαγάγετε μια νότα χιούμορ στην επιστολή σας;

- Πώς εκφράζετε τον ενθουσιασμό σας χωρίς να ακούγεστε αλαζονικός;

- Μπορείτε να γράψετε την ίδια συνοδευτική επιστολή για όλες τις αιτήσεις σας;

- Πρέπει να μιλήσουμε για την απόσταση μεταξύ της εταιρείας και της κατοικίας;

Είτε μόλις τελειώσατε τις σπουδές σας, είτε αναζητάτε αλλαγή σταδιοδρομίας είτε ψάχνετε για νέα θέση εργασίας μετά από απόλυση, εκτός αν είστε αυτοαπασχολούμενος, τώρα θα κάνετε αίτηση για εργασία ή πρακτική άσκηση. Στην περίπτωση αυτή, αναπόφευκτα έρχεστε αντιμέτωποι με τη σύνταξη συνοδευτικής επιστολής, η οποία σχεδόν αυτόματα απαιτείται να συνοδεύει το βιογραφικό σημείωμα.

Όποια και αν είναι η επαγγελματική σας κατάσταση και ο τομέας στον οποίο επιθυμείτε να απευθυνθείτε, η συνοδευτική επιστολή έχει αποκτήσει ύψιστη σημασία. Μετά το βιογραφικό σημείωμα, είναι γενικά το δεύτερο έγγραφο που διαβάζεται από το τμήμα προσλήψεων. Συνεπώς, οι πιθανότητες επιτυχούς υποβολής αίτησης εξαρτώνται σε μεγάλο βαθμό από την ποιότητα και τη συνέπεια της επιστολής αυτής.

Προσοχή, ακόμη και αν είναι πολύ καλά κατασκευασμένο και σχετικό, δεν αποτελεί απόλυτη εγγύηση επιτυχίας. Η αίτησή σας μπορεί απλώς να μην ανταποκρίνεται σε όλες τις προσδοκίες του εργοδότη σε σύγκριση με το προφίλ άλλων υποψηφίων, παρά όλα τα πλεονεκτήματα και τα κίνητρα που παρουσιάσατε στην επιστολή σας. Επιπλέον, υπάρχουν ακόμη άλλα σημαντικά βήματα που πρέπει να γίνουν, ιδίως η συνέντευξη (ή οι συνεντεύξεις). Τούτου λεχθέντος, για να έχετε την ευκαιρία να φτάσετε εκεί, είναι απολύτως απαραίτητο να επικεντρωθείτε πρώτα σε αυτό το αποφασιστικό στάδιο, που είναι η συγγραφή της συνοδευτικής επιστολής.

Και αυτό μπορεί να είναι μια περίπλοκη πρόκληση όταν δεν έχετε συνηθίσει αυτή την πρακτική. Το χειρότερο: εκεί που νομίζετε ότι έχετε γράψει σωστά την επιστολή σας, οι εργοδότες εξακολουθούν να απαντούν αρνητικά. Αν αυτό συμβαίνει, ίσως ήρθε η ώρα να επανεξετάσετε την προσέγγισή σας προκειμένου να μεγιστοποιήσετε την ποιότητα της επιστολής σας.

Από πού να ξεκινήσω; Ποια είναι τα σημαντικά στοιχεία που μπορούν να οικοδομήσουν το επιχείρημα και να κάνουν την αίτησή σας πειστική; Βυθιστείτε σε αυτόν τον πρακτικό οδηγό για να έχετε τις καλύτερες πιθανότητες να βρείτε τη δουλειά των ονείρων σας!

ΤΑ ΒΑΣΙΚΑ ΣΤΟΙΧΕΙΑ ΜΙΑΣ ΠΕΙΣΤΙΚΗΣ ΣΥΝΟΔΕΥΤΙΚΗΣ ΕΠΙΣΤΟΛΗΣ

ΕΝΑ ΑΠΑΡΑΙΤΗΤΟ ΒΗΜΑ

Για τον αιτούντα

Όπως υποδηλώνει και το όνομά του, το έγγραφο αυτό χρησιμοποιείται για να αποδείξει τα κίνητρά σας για την εργασία για την οποία υποβάλλετε αίτηση. Θα πρέπει να διακρίνεται από το βιογραφικό σημείωμα, το οποίο είναι μια περίληψη του επαγγελματικού σας ιστορικού και των δεξιοτήτων σας. Επομένως, δεν αρκεί να επαναλαμβάνετε τα όσα περιέχονται στο βιογραφικό σημείωμα με την ίδια μορφή. Τα δύο έγγραφα δεν πρέπει ποτέ να επαναλαμβάνονται. Αυτό δεν σημαίνει ότι δεν μπορούν να αναφερθούν παρόμοια στοιχεία. Αν και η κύρια λειτουργία του βιογραφικού σας σημειώματος είναι να περιγράψει τις δεξιότητες και το ιστορικό σας, η συνοδευτική επιστολή σας επιτρέπει να αναπτύξετε με συνοπτικό τρόπο μερικά σημεία που θεωρείτε ουσιώδη και που δικαιολογούν τα κίνητρά σας για την προς πλήρωση θέση. Σας δίνει την ευκαιρία να συνδέσετε κάποιες από τις ιδιότητες ή τις δεξιότητές σας με κάποια από τις σημαντικότερες εμπειρίες της καριέρας σας. Προσέξτε, ωστόσο, να μην μετατρέψετε τη συνοδευτική σας επιστολή σε αυτοβιογραφική περιγραφή!

⊙ "ΕΙΜΑΙ ΚΑΤΑΛΛΗΛΟς ΓΙΑ ΤΗ ΔΟΥΛΕΙΑ".

Πριν υποβάλετε αίτηση για μια θέση εργασίας, θα πρέπει φυσικά να βεβαιωθείτε ότι διαθέτετε τα απαραίτητα προσόντα. Το κίνητρο από μόνο του δεν είναι αρκετό. Μόνο αν αποδείξετε τις δεξιότητές σας που σχετίζονται με τη θέση εργασίας μέσω του βιογραφικού σημειώματος και τα κίνητρά σας μέσω της συνοδευτικής επιστολής, θα έχετε πιθανότητες να προσελκύσετε τον εργοδότη. Επομένως, είναι σημαντικό να διαβάσετε προσεκτικά την αγγελία εργασίας πριν γράψετε τη συνοδευτική επιστολή.

Ωστόσο, δεν είναι απολύτως απαραίτητο να πληρούνται όλα τα κριτήρια που θέτει ο εργοδότης στην αγγελία εργασίας. Οι υπεύθυνοι προσλήψεων παρέχουν στους αναζητούντες εργασία ένα ιδανικό προφίλ. Ορισμένες από αυτές τις προϋποθέσεις, εφόσον αναφέρονται σαφώς ως τέτοιες, πρέπει να πληρούνται (π.χ. "απαιτείται άδεια οδήγησης" ή "απαιτείται ειδικό επίπεδο εκπαίδευσης"). Ωστόσο, τα κίνητρά σας μπορούν να αντισταθμίσουν μία ή δύο δεξιότητες που δεν διαθέτετε ακόμη. Επομένως, μην πετάτε την πετσέτα πολύ γρήγορα: θα ήταν κρίμα να αφήσετε την ευκαιρία σας να πάει χαμένη εξαιτίας κάποιου γεγονότος που ο εργοδότης λέει ότι δεν έχετε αποκτήσει ακόμη, ενώ κατά τα άλλα έχετε τα τέλεια προσόντα.

Για τον υπεύθυνο προσλήψεων

Στις περισσότερες περιπτώσεις, ο εργοδότης λαμβάνει δεκάδες ή και εκατοντάδες αιτήσεις για μια θέση εργασίας. Η συνέντευξη όλων των υποψηφίων θα ήταν χάσιμο χρόνου και χρήματος.

Συνεπώς, το βιογραφικό σημείωμα και η συνοδευτική επιστολή επιτρέπουν στον εργοδότη να κάνει μια πρώτη επιλογή.

Στις περισσότερες περιπτώσεις, το βιογραφικό σημείωμα είναι το πρώτο έγγραφο που ενδιαφέρει τον υπεύθυνο προσλήψεων. Αφού το συμβουλευτούν, εάν διαπιστώσουν ότι το προφίλ σας πληροί τα κύρια κριτήρια που ζητήθηκαν, θα επικεντρωθούν στην επιστολή σας. Επομένως, η επιστολή είναι πολύ σημαντική και δεν πρέπει να παραμελείται. Είναι το "συν" που μπορεί να σας κάνει να ξεχωρίσετε από τους άλλους υποψηφίους. Ακόμη και αν έχετε ένα καλό βιογραφικό σημείωμα, μια κακογραμμένη επιστολή μπορεί να καταστρέψει την αίτησή σας.

Η διαδικασία πρόσληψης δεν λειτουργεί αυτόματα με αυτόν τον τρόπο. Μερικές φορές η επιστολή κινήτρων είναι η πρώτη που εξετάζεται. Σε αυτή την περίπτωση είναι ακόμη πιο σημαντικό. Εάν δεν ικανοποιεί τον υπεύθυνο πρόσληψης, υπάρχει μεγάλη πιθανότητα να μην μπει καν στον κόπο να δει το βιογραφικό σας σημείωμα.

ΠΡΟΕΤΟΙΜΑΣΙΑ

Αναλύστε λεπτομερώς την προσφορά εργασίας

Όπως είδαμε, το πρώτο βήμα είναι να βεβαιωθείτε ότι έχετε καταλάβει και κατανοήσει τι είναι η θέση εργασίας για την οποία πρόκειται να υποβάλετε αίτηση. Επομένως, αναλύστε τη διαφήμιση σημείο προς σημείο. Αυτή η προσεκτική ανάγνωση θα πρέπει να σας δώσει ήδη μια ιδέα για το τι μπορείτε να προτείνετε κατά τη σύνταξη της συνοδευτικής σας επιστολής. Για κάθε στοιχείο που απαιτεί ο εργοδότης, προσπαθήστε να βρείτε μια πολύτιμη εμπειρία στο ιστορικό σας για να την αναδείξετε.

Δεύτερον, προσπαθήστε να συμπεράνετε ποιες από τις ιδιότητές σας θα ήταν χρήσιμες για τη συγκεκριμένη θέση εργασίας. Πράγματι, εκτός από έναν κατάλογο των απαιτούμενων προσόντων και ιδιοτήτων, οι εργοδότες συνήθως σας παρέχουν και μια περιγραφή της θέσης εργασίας. Για να πάρουμε ένα απλό παράδειγμα, αν αναφέρεται ότι ο εργαζόμενος θα πρέπει να συνεργάζεται με πολλούς συναδέλφους σε καθημερινή βάση, θα είναι χρήσιμο να αναφέρετε ότι σας αρέσει η ομαδική εργασία, ακόμη και αν αυτό το χαρακτηριστικό δεν ζητείται ρητά.

 ## ΕΠΙΚΟΙΝΩΝΗΣΤΕ ΜΕ ΤΗΝ ΕΤΑΙΡΕΙΑ

Οι προκηρύξεις θέσεων εργασίας είναι μερικές φορές ανεπαρκώς ανεπτυγμένες και μπορεί να μην είναι σαφείς σχετικά με τη θέση εργασίας και το περιεχόμενό της. Σε αυτή την περίπτωση, μη διστάσετε να επικοινωνήσετε με τον υπεύθυνο προσλήψεων μέσω ηλεκτρονικού ταχυδρομείου ή τηλεφώνου για περισσότερες πληροφορίες σχετικά με τη θέση εργασίας. Ωστόσο, αποφύγετε αυτή την προσέγγιση εάν δεν έχετε συγκεκριμένες ερωτήσεις να θέσετε.

Αφού βεβαιωθείτε ότι η αίτησή σας είναι νόμιμη και ανταποκρίνεται στο προφίλ που αναζητά ο εργοδότης, μπορείτε να προχωρήσετε στο επόμενο βήμα.

Μάθετε όσο το δυνατόν περισσότερα για τον εργοδότη και τον τομέα δραστηριότητάς του

Για να έχετε την καλύτερη δυνατή εικόνα για το με ποιον έχετε να κάνετε, συγκεντρώστε όλες τις διαθέσιμες πληροφορίες για τον εργοδότη. Υπάρχουν διάφοροι τρόποι για να το κάνετε αυτό.

- Διαδίκτυο: εργοδότες κάθε είδους έχουν συχνά ιστότοπο. Εκεί μπορείτε να βρείτε χρήσιμες πληροφορίες σχετικά με τη θέση της εταιρείας στον τομέα της, τη φιλοσοφία της, τον τρόπο λειτουργίας της, το βαθμό σπουδαιότητάς της σε σχέση με τους πιθανούς ανταγωνιστές της, την ιστορία της κ.λπ.

- Κοινωνικά δίκτυα: ελέγξτε αν ο εργοδότης είναι παρών στα κοινωνικά δίκτυα (κυρίως στο Facebook και στο LinkedIn). Αν ναι, ίσως μπορέσετε να αντλήσετε πληροφορίες σχετικά με τη δημοτικότητα, το εμπορικό σήμα και τις δραστηριότητές τους.

- Το δικό σας δίκτυο: αξίζει πάντα να μιλάτε για τη θέση εργασίας και τον εργοδότη γύρω σας. Ποτέ δεν ξέρεις, μπορεί κάποιος από τους γνωστούς σου να γνωρίζει την εταιρεία ή κάποιον που εργάζεται εκεί.

- Ο Τύπος: στην περίπτωση μεγάλων εταιρειών, μπορείτε επίσης να αναζητήσετε στον γενικό ή στον επιχειρηματικό Τύπο. Αυτός ο εργοδότης μπορεί να έχει κάνει ή να κάνει ειδήσεις.

- Το τηλέφωνο: ο αριθμός τηλεφώνου του εργοδότη υπάρχει σχεδόν πάντα στην αγγελία. Συχνά μάλιστα θα σας καλέσουν να τηλεφωνήσετε για περισσότερες πληροφορίες σχετικά με τη θέση εργασίας. Μη διστάσετε να το κάνετε αν έχετε ερωτήσεις σχετικά με την εταιρεία, αφού ελέγξετε ότι οι απαντήσεις δεν είναι ήδη διαθέσιμες μέσω των προαναφερθέντων μέσων. Ακόμη και αν η διαφήμιση δεν σας ενθαρρύνει να κάνετε τηλεφωνικές ερωτήσεις, δεν υπάρχει κανένας κίνδυνος να το δοκιμάσετε. Αντιθέτως, θα καταδείξει μόνο το ενδιαφέρον και τη σοβαρότητά σας στον εργοδότη. Εάν δεν αισθάνεστε ιδιαίτερα άνετα στο τηλέφωνο, μην αρχίσετε έναν διστακτικό αυτοσχεδιασμό και γράψτε εκ των προτέρων τις πληροφορίες που θέλετε να λάβετε.

 ## ΜΙΚΡΟ ΣΥΝ

Εάν το όνομα του υπεύθυνου για την πρόσληψη εμφανίζεται στην αγγελία εργασίας, μάθετε τη θέση του/της στον οργανισμό απασχόλησης. Οι πληροφορίες αυτές θα σας επιτρέψουν να εξατομικεύσετε λίγο περισσότερο τη συνοδευτική σας επιστολή, απευθυνόμενοι ειδικά σε αυτό το άτομο. Μπορείτε να ξεκινήσετε την επιστολή σας με "κ. Διευθυντή" ή "κα Διευθυντή Ανθρώπινου Δυναμικού" αντί για "κ." ή "κα", γεγονός που θα καταδείξει ακόμη περισσότερο τη δέσμευσή σας.

Εάν υποβάλετε αίτηση για μια θέση εργασίας σε έναν τομέα με τον οποίο δεν είστε εξοικειωμένοι, είναι επίσης χρήσιμο να ενημερωθείτε για αυτόν. Για παράδειγμα, εάν υποβάλετε αίτηση για μια θέση γραμματέα στον βιομηχανικό τομέα και η εργασιακή σας εμπειρία είναι περισσότερο στον εμπορικό τομέα, είναι σημαντικό να γνωρίζετε ποια είναι αυτή.

Γιατί πρέπει να συλλέξουμε όλες αυτές τις πληροφορίες;

Η όλη διαδικασία της αναζήτησης πληροφοριών σας επιτρέπει να αποκτήσετε μια καλύτερη εικόνα του οργανισμού στον οποίο υποβάλλετε αίτηση. Αυτό θα σας βοηθήσει όχι μόνο στη συγγραφή της συνοδευτικής σας επιστολής, αλλά και στο σχεδιασμό του βιογραφικού σας σημειώματος και σε τυχόν συνεντεύξεις που θα ακολουθήσουν. Εν ολίγοις, όλη η επακόλουθη επικοινωνία σας θα εξαρτάται από αυτά που μάθατε κατά την προκαταρκτική σας αναζήτηση πληροφοριών.

Επιστρέφοντας στην ίδια τη συνοδευτική επιστολή, είναι αυτονόητο ότι θα πρέπει να προσαρμόσετε το θέμα του εγγράφου σας στη θέση εργασίας για την οποία υποβάλλετε αίτηση. Ωστόσο, αυτό δεν είναι το μόνο πράγμα που πρέπει να προσέξετε. Τόσο ο τόνος όσο και οι δεξιότητες που επισημαίνονται εξαρτώνται από τις ιδιαιτερότητες του εργοδότη. Επομένως, μπορείτε να αυξήσετε τις πιθανότητες επιτυχίας σας προσαρμόζοντας τη συνοδευτική επιστολή σας στο προφίλ του εργοδότη. Για παράδειγμα, για μια πανομοιότυπη θέση σε μια πολυεθνική εταιρεία ή σε μια μικρή οικογενειακή επιχείρηση, η συνοδευτική σας επιστολή δεν θα είναι η ίδια. Θα δώσετε έμφαση σε διαφορετικά σημεία, είτε πρόκειται για τα κίνητρά σας είτε για τις δεξιότητές σας.

Σίγουρα έχετε προσόντα και κίνητρα και για τους δύο τύπους εταιρειών, αλλά ανάλογα με τον εργοδότη, θα δώσετε έμφαση σε κάποια από αυτά και όχι σε άλλα.

⊙ ΠΡΟΣΔΙΟΡΙΣΤΕ ΤΟ ΠΡΟΦΙΛ ΤΟΥ ΕΡΓΟΔΟΤΗ

Υπάρχουν πολλά κριτήρια για τη διαφοροποίηση των εργοδοτών. Ακολουθεί ένας μη εξαντλητικός κατάλογος:

- το μέγεθος του οργανισμού ,

- αυτό που παράγει ή παράγει (οποιοδήποτε προϊόν ή υπηρεσία),

- τη φήμη της,

- τη φιλοσοφία της,

- την προέλευσή της (εθνικότητα της μητρικής εταιρείας),

- την ιστορία της ,

- την ιεραρχία της,

- τη φήμη της.

Εάν ασχοληθείτε με αυτόν τον τρόπο, η συνοδευτική σας επιστολή θα έχει το πλεονέκτημα ότι είναι μοναδική και θα είναι πιο πιθανό να τραβήξει την προσοχή του υπεύθυνου για την πρόσληψη. Πράγματι, η διαφορά είναι άμεσα αντιληπτή μεταξύ μιας γενικής επιστολής που αντιγράφετε/επικολλάτε για κάθε αίτηση και μιας εξατομικευμένης επιστολής χάρη στις συμβουλές που δόθηκαν παραπάνω. Καταθέτει ο Tanguy V., επαγγελματίας στρατολόγος:

> *"Δεν χρειάζονται χρόνια εμπειρίας για να μπορεί κανείς να διακρίνει τη διαφορά μεταξύ μιας εξατομικευμένης συνοδευτικής επιστολής και μιας επιστολής που ο υποψήφιος απλώς στέλνει σε*

όλους τους εργοδότες με μερικές αλλαγές. Αυτό είναι κρίμα, διότι ορισμένοι υποψήφιοι έχουν σίγουρα τα προσόντα που απαιτούνται για τη θέση εργασίας, αλλά η ανάγνωση της συνοδευτικής επιστολής τους προσφέρει κακές υπηρεσίες, διότι ο τρόπος που την έχουν γράψει μας δείχνει ότι δεν έχουν και τόσο μεγάλα κίνητρα. Εάν ο υποψήφιος έχει μπει στον κόπο να ενημερωθεί για τον οργανισμό στον οποίο υποβάλλει αίτηση και χρησιμοποιεί αυτές τις πληροφορίες στην επιστολή του, αυτό σίγουρα θα τραβήξει την προσοχή του υπεύθυνου προσλήψεων.

ΣΥΝΤΑΞΗ

Τώρα που έχετε όλα τα παραπάνω στοιχεία, ήρθε η ώρα να αρχίσετε να γράφετε την επιστολή σας. Η συνοδευτική επιστολή έχει συγκεκριμένη δομή που πρέπει να τηρείται αυστηρά. Εάν δεν το κάνετε, οι πιθανότητες επιτυχίας σας θα μειωθούν σημαντικά. Επιπλέον, οι εργοδότες έχουν ελάχιστο χρόνο για να εξετάσουν τις αιτήσεις και αν η επιστολή σας είναι πολύ μεγάλη -δεν πρέπει ποτέ να είναι μεγαλύτερη από μία σελίδα Α4- ή δεν είναι ουσιαστική, θα προχωρήσουν γρήγορα σε άλλη αίτηση.

Η επικεφαλίδα

Αυτή η ιδιαίτερα τυποποιημένη ενότητα θα σας επιτρέψει να ξεκινήσετε εύκολα χωρίς να κολλήσετε με μια κενή σελίδα. Θα δώσει επίσης στον υπεύθυνο προσλήψεων τις πραγματικές πληροφορίες που μπορεί να χρειαστεί άμεσα.

- Τα στοιχεία επικοινωνίας σας: στην επάνω αριστερή γωνία, γράψτε το ονοματεπώνυμό σας, τη διεύθυνση, τον αριθμό τηλεφώνου και τη διεύθυνση ηλεκτρονικού ταχυδρομείου σας. Οι πληροφορίες αυτές θα επιτρέψουν στον εργοδότη να επικοινωνήσει μαζί σας εύκολα, χωρίς να χρειάζεται να αναζητήσει τα στοιχεία επικοινωνίας σας. Αυτό μπορεί να φαίνεται δευτερεύον σημείο, αλλά είναι πολύ σημαντικό να είστε εύκολα προσβάσιμοι.

- Στοιχεία του εργοδότη: στην επάνω δεξιά γωνία, γράψτε τα στοιχεία της εταιρείας και το όνομα του υπεύθυνου για την πρόσληψη (εάν τον γνωρίζετε, φυσικά), ενώ προηγείται η φράση "Για την προσοχή του". Αυτό θα μπορούσε να είναι χρήσιμο εάν η επιστολή ανοίξει κάποιος άλλος εκτός από το πρόσωπο στο οποίο απευθύνεστε συγκεκριμένα. Επομένως, δεν αποτελεί πρόβλημα αν επαναλάβετε τις πληροφορίες αυτές, οι οποίες βρίσκονται ήδη στον φάκελο.

- Ο τόπος και η ημερομηνία αποστολής: κάτω από τα στοιχεία του εργοδότη, αναφέρετε την πόλη που αντιστοιχεί στη διεύθυνσή σας, ακολουθούμενη από την ημερομηνία. Για παράδειγμα: "Λιέγη, 16 Οκτωβρίου 2014".

- Το θέμα: στο κάτω μέρος, στην αριστερή πλευρά, θα πρέπει να αναγράφεται το θέμα της επιστολής σας. Αναφέρετε απλώς τη θέση για την οποία υποβάλλετε αίτηση, ακολουθούμενη από την αναφορά της προκήρυξης, εφόσον υπάρχει. Γράψτε το ως εξής: "(αναφορά) ".

για τις προσκλήσεις σας. Δεν φαίνεται πολύ σοβαρό για τους εργοδότες. Συνιστάται, επομένως, να δημιουργήσετε μια κλασική διεύθυνση που να περιλαμβάνει απλώς το όνομα και το επώνυμό σας.

Η εισαγωγή

Όπως υποδηλώνει και το όνομα, το μέρος αυτό χρησιμοποιείται για να δημιουργηθεί επαφή με τον εργοδότη χωρίς να μπει απότομα στο θέμα. Αποτελείται από δύο μέρη: την έκκληση και την πρώτη παράγραφο.

Πρώτα απ' όλα, αναφέρετε σε ποιον απευθύνεστε. Αν δεν ξέρετε ακριβώς, χρησιμοποιήστε τον ακόλουθο τύπο: "Αξιότιμε κύριε ή κυρία". Εάν γνωρίζετε το όνομα του υπεύθυνου για την πρόσληψη, αναγράψτε "κυρία" εάν πρόκειται για γυναίκα και "κύριος" εάν πρόκειται για άνδρα, χωρίς να προσδιορίσετε το όνομά του. Πράγματι, σε αντίθεση με ό,τι συχνά ακούμε, το "κυρία Υ" ή το "κύριος Χ" θεωρείται λιγότερο σεβαστό από το "κυρία" ή το "κύριος" μόνο. Από την άλλη πλευρά, αν γνωρίζετε τη λειτουργία του προσώπου στο οποίο απευθύνεστε, αναφέρετε την: "Κυρία Διευθύντρια" ή "Κύριε Νομάρχη", για παράδειγμα. Μην ξεχνάτε το κόμμα μετά από κάθε μία από αυτές τις μορφές διεύθυνσης.

Αφού το γράψετε αυτό, πηγαίνετε στη γραμμή που αφήνει ένα κενό και παρουσιάστε την επιστολή σας. Η πρώτη παράγραφος δεν πρέπει να υπερβαίνει τις πέντε ή έξι γραμμές και να απαντά στην ερώτηση: "Γιατί ο εργοδότης λαμβάνει την αίτησή σας;". Μπορείτε να ξεκινήσετε αναφέροντας εν συντομία ότι έχετε δει τη διαφήμιση της εταιρείας και να εξηγήσετε γιατί η ανάγνωσή της σας κίνησε το ενδιαφέρον.

Εξηγήστε την τρέχουσα κατάστασή σας και, στη συνέχεια, χρησιμοποιήστε τις πληροφορίες που έχετε συγκεντρώσει για τη θέση εργασίας και τον εργοδότη. Για παράδειγμα:

> *"Με μεγάλο ενδιαφέρον διάβασα την αγγελία σας για τη θέση ... Αναζητώ επί του παρόντος εργασία ως ... στον τομέα ... Η αγγελία σας με απασχολεί επομένως πολύ. Είμαι πολύ ενθουσιασμένος με την ευκαιρία να εργαστώ σε αυτόν τον ρόλο σε μια καινοτόμο και αναπτυσσόμενη εταιρεία όπως η ... και πιστεύω ότι έχω όλες τις δεξιότητες που χρειάζεστε".*

Αυτό είναι απλώς ένα γενικό παράδειγμα, προσπαθήστε να βρείτε το δικό σας τρόπο να αναφέρετε τα πράγματα. Να θυμάστε ότι είναι σημαντικό να εξατομικεύσετε την επιστολή σας όσο το δυνατόν περισσότερο.

Το σώμα της επιστολής

Πρέπει να απαντήσει σε τρεις ερωτήσεις για να προκαλέσει το ενδιαφέρον του υπεύθυνου προσλήψεων. Οι τρεις αυτές ερωτήσεις αντιστοιχούν στα τρία μέρη που συνήθως αποτελούν μια συνοδευτική επιστολή.

- **Ποιος είσαι εσύ;** Το μέρος αυτό αφορά το προσωπικό σας ιστορικό, με σκοπό να νομιμοποιηθεί η αίτησή σας. Επομένως, είναι σημαντικό να επιλέξετε τα σημαντικότερα στοιχεία του βιογραφικού σας σημειώματος σε σχέση με τη θέση για την οποία υποβάλλετε αίτηση και να τα μετατρέψετε σε επιχειρήματα που θα σας ξεχωρίζουν από τους άλλους υποψηφίους. Ακόμη και αν κάνετε αίτηση για μια θέση εργασίας που είναι διαφορετική από αυτή που έχετε κάνει στο παρελθόν, προσπαθήστε να τονίσετε τις ιδιότητες και τις δεξιότητες που έχετε αναπτύξει και οι οποίες είναι επίσης σχετικές με τη νέα αυτή θέση εργασίας. Αυτό που νομίζετε ότι είναι αδυναμία μπορεί μερικές φορές να μετατραπεί σε πλεονέκτημα που θα σας κάνει να ξεχωρίσετε από το πλήθος. Ο στόχος είναι επομένως να τονιστεί η αξία της εμπειρίας σας για τον εργοδότη. Αυτό το μέρος είναι γενικά το πιο σημαντικό μέρος μιας συνοδευτικής επιστολής: μπορεί να έχει μήκος δέκα ή δεκαπέντε σειρών. Καλό είναι να το χωρίσετε σε δύο ή τρεις συνεκτικές παραγράφους, ώστε να μην έχετε ένα μεγάλο μπλοκ κειμένου. Αυτό θα σας βοηθήσει επίσης να δομήσετε τις ιδέες σας και θα κάνει την ανάγνωση πιο ευχάριστη για τον υπεύθυνο προσλήψεων.

- Τι σας παρακινεί να υποβάλετε αίτηση για αυτή τη θέση εργασίας και αυτόν τον οργανισμό; Ακόμα και αν έχετε θίξει πολύ συνοπτικά το ζήτημα αυτό στην εισαγωγική ενότητα, πρέπει να αναπτύξετε εδώ τους λόγους για τους οποίους υποβάλλετε αίτηση για τη συγκεκριμένη θέση εργασίας και εργοδότη. Μην παραμελείτε τον εργοδότη εστιάζοντας μόνο στην εργασία που προσφέρει. Και πάλι, χρησιμοποιήστε τις πληροφορίες που έχετε συγκεντρώσει εκ των προτέρων για να αναπτύξετε τα επιχειρήματά σας ως κίνητρα. Ο εργοδότης πρέπει να είναι σε θέση να δει ότι έχετε κατανοήσει ποιος είναι και τι διακυβεύεται στη θέση εργασίας που επιθυμεί να καλύψει. Εν ολίγοις, πρέπει να δείξετε ότι βρίσκεστε στο στοιχείο σας. Για το μέρος αυτό, συνιστάται επίσης έντονα να βασιστείτε στη διαφήμιση και να αναλάβετε τα βασικά σημεία της διαφήμισης, διευκρινίζοντας πώς σας κινητοποιούν.

- **Γιατί είστε ο ιδανικός υποψήφιος;** Η παράγραφος αυτή λειτουργεί ως συμπέρασμα: συνοψίζει και συνδέει τα στοιχεία που αναπτύχθηκαν παραπάνω. Κλείνει την επιστολή δείχνοντας πώς το προφίλ σας ταιριάζει στα καθήκοντα που συνεπάγεται η θέση εργασίας και στην κουλτούρα του οργανισμού που την προσφέρει. Ιδανικά, στο τέλος της επιστολής σας, η θέση για την οποία υποβάλλετε αίτηση θα πρέπει να φαίνεται να ταιριάζει προφανώς με το ιστορικό σας.

Ο χαιρετισμός

Κλείστε την επιστολή σας αναφέροντας ότι είστε στη διάθεση του εργοδότη αν χρειαστεί περισσότερες πληροφορίες για εσάς. Στη συνέχεια, χρησιμοποιήστε μια απλή και κλασική μορφή προσφώνησης, όπως: "Με εκτίμηση" ή "Με εκτίμηση". Το μόνο που απομένει είναι να υπογράψετε στο κάτω μέρος της σελίδας ή να αναφέρετε το όνομα και το επώνυμό σας, εάν υποβάλετε αίτηση μέσω ηλεκτρονικού ταχυδρομείου.

ΣΤΕΙΛΤΕ ΣΤΟ

Ο τρόπος αποστολής των αιτήσεων προσδιορίζεται πάντα στην προκήρυξη. Σας ζητείται να υποβάλετε την αίτησή σας είτε μέσω ηλεκτρονικού ταχυδρομείου είτε μέσω ταχυδρομείου. Συχνά όμως σας δίνεται η δυνατότητα επιλογής μεταξύ των δύο δυνατοτήτων. Σε αυτή την περίπτωση, είναι καλύτερο να υποβάλετε την αίτηση ταχυδρομικώς. Αυτό οφείλεται στο γεγονός ότι οι εργοδότες λαμβάνουν μεγάλο αριθμό ηλεκτρονικών μηνυμάτων. Επομένως, η επιστολή και το βιογραφικό σας σημείωμα είναι πιο πιθανό να χαθούν μέσα στη μάζα απ' ό,τι αν τα στείλετε ταχυδρομικώς.

👁 ΜΙΑ ΑΤΥΧΗΣ ΑΒΛΕΨΙΑ

Εάν υποβάλετε αίτηση μέσω ηλεκτρονικού ταχυδρομείου, φροντίστε να αποφύγετε το κλασικό λάθος που όλοι έχουν ήδη κάνει: ελέγξτε ότι έχετε επισυνάψει τη συνοδευτική επιστολή και το βιογραφικό σας σημείωμα. Αν αυτή η αβλεψία δεν είναι πολύ σοβαρή σε ιδιωτικό πλαίσιο, εδώ μπορεί να οδηγήσει σε δυσάρεστες συνέπειες: είτε δεν το αντιλαμβάνεστε και ο εργοδότης απλώς δεν έχει πρόσβαση στην αίτησή σας- είτε στέλνετε τα συνημμένα σας σε άλλο ηλεκτρονικό ταχυδρομείο, γεγονός που περιορίζει τη ζημία, αλλά δεν αντισταθμίζει πλήρως την εντύπωση αμέλειας που πιθανώς έδωσε η αβλεψία σας στον υπεύθυνο προσλήψεων.

ΚΟΡΥΦΑΙΕΣ ΣΥΜΒΟΥΛΕΣ

- Χρησιμοποιήστε ορολογία ειδική για τον τομέα για τον οποίο υποβάλλετε αίτηση. Αυτό θα κάνει τη συνοδευτική επιστολή σας ακόμη πιο προσωπική. Φυσικά, μην υπεισέρχεστε σε υπερβολικά περίπλοκες και εξειδικευμένες λεπτομέρειες. Ο στόχος είναι να δείξετε εμμέσως ότι είστε πράγματι έμπειρος για τη θέση εργασίας, χωρίς να χτυπήσετε τον υπεύθυνο πρόσληψης με τεχνικούς όρους.

- Να είστε πρωτότυποι για να ξεχωρίζετε από τους άλλους υποψηφίους. Αν και η συνοδευτική επιστολή εξακολουθεί να είναι ένα αρκετά συμβατικό έγγραφο, ανάλογα με τη θέση και τον εργοδότη, προσπαθήστε να κρίνετε πόσο μεγάλο πλεονέκτημα μπορεί να είναι λίγη πρωτοτυπία. Συγκεκριμένα, αυτό θα μπορούσε να είναι ένα πάθος, μια ασυνήθιστη εμπειρία που είχατε ή ένας πολύ προσωπικός τρόπος παρουσίασης των πραγμάτων. Σε κάθε περίπτωση, αποφύγετε τις έτοιμες φράσεις. Όταν διαβάζει την επιστολή σας, ο υπεύθυνος προσλήψεων δεν πρέπει να έχει την εντύπωση ότι διαβάζει τα ίδια πράγματα με τις δεκάδες άλλες αιτήσεις που έχει λάβει.

- Δώστε προσοχή στην ορθογραφία. Διαβάστε προσεκτικά την συνοδευτική επιστολή σας αρκετές φορές. Αν η ορθογραφία δεν είναι το δυνατό σας σημείο, ζητήστε από άτομα του περιβάλλοντός σας να το διορθώσουν για εσάς. Ανεξάρτητα από τη θέση και τον τομέα για τον οποίο υποβάλλετε αίτηση, τα ορθογραφικά λάθη προκαλούν πάντα κακή εντύπωση.

- Κρατήστε τις προτάσεις σας σύντομες. Για λόγους μέγιστης σαφήνειας, μην αρχίσετε να λέτε μακροσκελείς προτάσεις. Ο υπεύθυνος προσλήψεων θα πρέπει να είναι σε θέση να κατανοήσει άμεσα το περιεχόμενο της επιστολής σας. Δεν θα πρέπει να χρειάζεται να ξαναδιαβάσουν ένα απόσπασμα που είναι ασαφές επειδή η πρόταση είναι πολύ περίπλοκη. Προσέξτε επίσης να μην χρησιμοποιείτε πολλές σύντομες προτάσεις, καθώς ο στόχος δεν είναι να επιτύχετε ένα τηλεγραφικό ύφος.

- Να είστε ειλικρινείς σχετικά με τις δεξιότητές σας. Πρέπει να προβάλλετε τον εαυτό σας, αλλά το να λέτε ψέματα και να επινοείτε πράγματα για να ενισχύσετε την αίτησή σας θα σας γυρίσει μπούμερανγκ στη συνέντευξη ή και αργότερα.

- Υιοθετήστε έναν ενθουσιώδη τόνο. Ο τόνος της επιστολής σας θα πρέπει να δείχνει τα κίνητρά σας, αλλά να μην φαίνεται υπερβολικά σίγουρος: αυτό μπορεί να φανεί στον εργοδότη ως αλαζονεία ή κομπασμός.

- Να είστε αξιοπρεπείς. Μην δείχνετε σαν να παρακαλάτε τον εργοδότη. Η αναπαραγωγή με λύπηση δεν θα λειτουργήσει.

- Αποφύγετε να επαναλαμβάνετε τον εαυτό σας. Δεν χρειάζεται να επαναλάβετε κάτι που έχετε ήδη πει ή να το εκφράσετε ξανά με διαφορετικό τρόπο. Έχετε μόνο μία σελίδα A4. Πρέπει να αξιοποιήσετε στο έπακρο τον χώρο που διαθέτετε. Βεβαιωθείτε ότι η γραφή σας είναι αποτελεσματική.

- Οι προτάσεις σας θα πρέπει να είναι πάντα σε θετική μορφή. Επαναδιατυπώστε τις αρνητικές φράσεις αν έχετε αφήσει πίσω σας. Μπορεί να μη φαίνεται σημαντικό, αλλά οι αρνητικές προτάσεις έχουν αρνητικό αντίκτυπο στην εντύπωση που αφήνει η επιστολή σας.

- Χρησιμοποιήστε μια απλή μορφή. Αν και είναι σκόπιμο να είστε πρωτότυποι στο περιεχόμενο της επιστολής σας, κρατήστε το έντυπο απλό - εκτός από την περίπτωση μιας καλλιτεχνικής αίτησης. Μείνετε στο μαύρο χρώμα και σε μια κλασική γραμματοσειρά (Arial, Times ή Calibri). Επίσης, αποφύγετε τα πολύ μεγάλα πλαίσια. Το περιεχόμενο έχει προτεραιότητα έναντι όλων των άλλων, οπότε η φόρμα πρέπει να είναι όσο το δυνατόν πιο ευανάγνωστη.

ΣΥΧΝΕΣ ΕΡΩΤΗΣΕΙΣ

ΠΟΙΕΣ ΕΙΝΑΙ ΟΙ ΙΔΙΑΙΤΕΡΟΤΗΤΕΣ ΜΙΑΣ ΣΥΝΟΔΕΥΤΙΚΗΣ ΕΠΙΣΤΟΛΗΣ ΠΟΥ ΑΠΟΣΤΕΛΛΕΤΑΙ ΜΕΣΩ ΗΛΕΚΤΡΟΝΙΚΟΥ ΤΑΧΥΔΡΟΜΕΙΟΥ;

Όταν υποβάλλετε αίτηση μέσω ηλεκτρονικού ταχυδρομείου, δεν είναι απαραίτητο να γράψετε την επιστολή σας σε μια σελίδα του επεξεργαστή κειμένου και να την αποστείλετε ως συνημμένο αρχείο. Μπορείτε να στείλετε το κείμενό σας απευθείας στο e-mail. Έτσι, ο υπεύθυνος προσλήψεων ανοίγει ένα έγγραφο λιγότερο, γεγονός που διευκολύνει τη ζωή του. Ωστόσο, συνιστάται να γράψετε πρώτα την επιστολή σας σε ξεχωριστό έγγραφο και στη συνέχεια να την αντιγράψετε και να την επικολλήσετε στο σώμα του ηλεκτρονικού ταχυδρομείου. Με τον τρόπο αυτό αποφεύγονται λάθη, όπως το να στείλετε κατά λάθος το email σας ενώ δεν το έχετε ολοκληρώσει.

Όσον αφορά το περιεχόμενο, η συνοδευτική επιστολή που αποστέλλεται απευθείας με ηλεκτρονικό ταχυδρομείο πρέπει να τηρεί τους ίδιους κανόνες με την επιστολή που αποστέλλεται ταχυδρομικώς. Ωστόσο, υπάρχουν ορισμένες τυπικές διαφορές, δεδομένου ότι οι ισχύοντες κώδικες είναι εκείνοι του ηλεκτρονικού ταχυδρομείου και όχι εκείνοι της κλασικής επιστολής. Πράγματι, και οι δύο μέθοδοι αποστολής έχουν τις δικές τους συμβάσεις. Το ηλεκτρονικό ταχυδρομείο απαιτεί λιγότερα στοιχεία από μια συμβατική επιστολή που αποστέλλεται με το ταχυδρομείο: δεν χρειάζεται να ανησυχείτε για την κεφαλίδα. Ξεκινήστε απευθείας με την εισαγωγή. Έτσι, το πρώτο πράγμα που πρέπει να γράψετε είναι "Αγαπητέ κύριε διευθυντά" ή "Αγαπητή κυρία διευθυντά". Θα πρέπει να γράψετε το όνομα και τα στοιχεία επικοινωνίας σας στο τέλος του ηλεκτρονικού ταχυδρομείου. Όσον αφορά το θέμα της συνοδευτικής σας επιστολής, λογικά ανήκει στη γραμμή θέματος του ηλεκτρονικού σας ταχυδρομείου

ΣΥΝΙΣΤΑΤΑΙ ΝΑ ΓΡΑΨΕΤΕ ΜΙΑ ΣΥΝΟΔΕΥΤΙΚΗ ΕΠΙΣΤΟΛΗ ΜΕ ΤΟ ΧΕΡΙ;

Μπορεί να είναι δελεαστικό να δώσετε προσωπικό χαρακτήρα στην επιστολή σας γράφοντάς την εσείς, για αισθητικούς λόγους ή για να ξεχωρίσετε ακόμη περισσότερο, και αυτό είναι πράγματι μερικές φορές μια σοφή κίνηση. Ωστόσο, να έχετε κατά νου ότι στην εποχή της εκτεταμένης ψηφιοποίησης, κινδυνεύετε να μεταδώσετε μια απαξιωτική εικόνα του εαυτού σας: την εικόνα ενός ατόμου που έχει μείνει πίσω στις χρήσεις της σύγχρονης τεχνολογίας. Η συμβουλή αυτή είναι ακόμη πιο σημαντική εάν κάνετε αίτηση για μια θέση εργασίας σε έναν τομέα που σχετίζεται άμεσα με τη χειραγώγηση ηλεκτρονικών υπολογιστών.

ΠΡΕΠΕΙ ΠΑΝΤΑ ΝΑ ΣΤΕΛΝΩ ΣΥΝΟΔΕΥΤΙΚΗ ΕΠΙΣΤΟΛΗ ΜΑΖΙ ΜΕ ΤΟ ΒΙΟΓΡΑΦΙΚΟ ΜΟΥ ΣΗΜΕΙΩΜΑ;

Εάν δεν ζητείται ρητά στην προκήρυξη, η συνοδευτική επιστολή δεν είναι υποχρεωτική. Ωστόσο, δεν κοστίζει τίποτα -εκτός από χρόνο- να επισυνάψετε το έγγραφο αυτό στο βιογραφικό σας σημείωμα, και έτσι θα μπορέσετε να τονίσετε τα κίνητρα και το ενδιαφέρον σας για τη θέση για την οποία υποβάλλετε αίτηση από την πρώτη κιόλας επαφή.

ΠΟΙΑ ΕΠΙΧΕΙΡΗΜΑΤΑ ΜΠΟΡΕΙ ΝΑ ΠΡΟΒΑΛΕΙ ΚΑΝΕΙΣ ΟΤΑΝ ΕΧΕΙ ΕΛΑΧΙΣΤΗ Η ΚΑΘΟΛΟΥ ΕΠΑΓΓΕΛΜΑΤΙΚΗ ΕΜΠΕΙΡΙΑ;

Όταν εισέρχεστε για πρώτη φορά στην αγορά εργασίας, είναι προφανώς δύσκολο να αποδείξετε εργασιακή εμπειρία. Αν συμβαίνει αυτό, μην αποθαρρύνεστε. Υπάρχουν και άλλοι τρόποι για να αναδείξετε τα προσόντα και τις δεξιότητές σας. Το πρώτο πράγμα που πρέπει να κάνετε είναι να αναλογιστείτε το ιστορικό σας και να εντοπίσετε τα στοιχεία που θα μπορούσαν να σας φανούν χρήσιμα για τη θέση εργασίας για την οποία κάνετε αίτηση. Μπορεί να μην το σκεφτείτε αυθόρμητα, αλλά κάποιες από τις εμπειρίες σας που θεωρείτε ασήμαντες μπορεί να αποδειχθούν σημαντικές. Σκεφτείτε, λοιπόν, όχι μόνο την εθελοντική εργασία, την πρακτική άσκηση ή τις σπουδές σας, αλλά και τα ταξίδια, τις αθλητικές δραστηριότητες, τα πάθη ή τα χόμπι σας. Μεταξύ όλων αυτών, προσπαθήστε να βρείτε τις πιο συναφείς δεξιότητες που έχετε αποκτήσει. Το ζητούμενο είναι να δείξετε ότι, παρά την επαγγελματική σας απειρία, είστε εξίσου ικανοί να αναλάβετε τη θέση εργασίας και τις απαιτήσεις της με οποιονδήποτε άλλον υποψήφιο.

⊙ ΣΥΜΒΟΥΛΕΣ ΓΙΑ ΤΗΝ ΠΡΩΤΗ ΘΕΣΗ ΕΡΓΑΣΙΑΣ

Ποτέ μην αναφέρετε ρητά την έλλειψη επαγγελματικής εμπειρίας. Ο υπεύθυνος προσλήψεων θα το προσέξει στο βιογραφικό σας σημείωμα. Επομένως, δεν είναι απαραίτητο να το τονίσετε, με στόχο να αφήσετε το στοιχείο αυτό, το οποίο αποτελεί εκ των προτέρων μειονέκτημα για την αίτησή σας, να περάσει σε δεύτερη μοίρα.

Αν, από την άλλη πλευρά, έχετε σχετική εμπειρία αλλά όχι το πτυχίο για το οποίο υποβάλλετε αίτηση, τονίστε το και τι σήμαινε για εσάς, χωρίς να αναφέρετε την έλλειψη εκπαίδευσης. Και πάλι, αυτό θα είναι άμεσα ορατό στο βιογραφικό σας σημείωμα και η αναφορά του στην επιστολή σας μπορεί να δώσει στον υπεύθυνο πρόσληψης την εντύπωση ότι υποτιμάτε τον εαυτό σας. Βάλτε αυτή την πιθανή έλλειψη σε μια λεπτομέρεια σε σύγκριση με την εμπειρία, τις δεξιότητες και τις άλλες ιδιότητες που έχετε συσσωρεύσει.

ΕΙΝΑΙ ΔΥΝΑΤΟΝ ΝΑ ΕΙΣΑΓΑΓΕΤΕ ΜΙΑ ΝΟΤΑ ΧΙΟΥΜΟΡ ΣΤΗΝ ΕΠΙΣΤΟΛΗ ΣΑΣ;

Φυσικά, πάντα σας συμβουλεύαμε να ξεχωρίζετε από το πλήθος γράφοντας μια επιστολή που είναι πρωτότυπη και σας ταιριάζει. Ωστόσο, καθώς το χιούμορ είναι κάτι σχετικό, είναι πολύ δύσκολο να χρησιμοποιηθεί σε μια συνοδευτική επιστολή. Πράγματι, αν δεν γνωρίζετε προσωπικά τον υπεύθυνο προσλήψεων, αποφύγετε τις χιουμοριστικές πινελιές. Για την ίδια τιμή, μπορείτε είτε να διασκεδάσετε τον εργοδότη και να κρατήσετε την προσοχή του είτε να απαξιώσετε πλήρως τον εαυτό σας. Εάν έχετε αμφιβολίες, είναι καλύτερα να απέχετε.

ΠΩΣ ΕΚΦΡΑΖΕΤΕ ΤΟΝ ΕΝΘΟΥΣΙΑΣΜΟ ΣΑΣ ΧΩΡΙΣ ΝΑ ΑΚΟΥΓΕΣΤΕ ΑΛΑΖΟΝΙΚΟΣ;

Για να ξεχωρίσετε από τους άλλους υποψηφίους, είναι σημαντικό να δείξετε τα κίνητρα και τον ενθουσιασμό σας για τη θέση εργασίας και τον εργοδότη. Αυτή είναι η πρωταρχική λειτουργία της συνοδευτικής επιστολής. Αλλά προσέξτε: ο ενθουσιασμός σας μπορεί μερικές φορές να φανεί ως αλαζονεία. Για να το αποφύγετε αυτό, ακολουθούν ορισμένες πρακτικές συμβουλές:

- Αποφύγετε την υπερβολική χρήση του πρώτου προσώπου ενικού αριθμού. Με άλλα λόγια, αρχίστε τις προτάσεις σας με το "εγώ" όσο το δυνατόν λιγότερο,

- να μην χρησιμοποιείτε ποτέ συγκαταβατικό τόνο απέναντι στη θέση για την οποία υποβάλλετε αίτηση ή απέναντι στον εργοδότη. Αυτό μπορεί να εκφραστεί, για παράδειγμα, με την αναφορά σε έναν πρώην εργοδότη με μεγαλύτερο κύρος, τον οποίο τοποθετείτε, έστω και εμμέσως, στο βάθρο σε σύγκριση με αυτόν στον οποίο υποβάλλετε αίτηση. Φυσικά, δεν θα πρέπει να υποτιμάτε τις εμπειρίες σας, αλλά το να εκθειάζετε υπερβολικά μια προηγούμενη εταιρεία ή θέση εργασίας θα δώσει στον υπεύθυνο προσλήψεων την εντύπωση ότι κάνετε αίτηση σε αυτούς από κακία,

- Αποφύγετε τα ακούσια θαυμαστικά. Αν κάθε πρόταση τελειώνει με θαυμαστικό, η επίδραση του σημείου στίξης μειώνεται σημαντικά. Χρησιμοποιήστε το για να δώσετε έμφαση σε μια ή δύο συγκεκριμένες προτάσεις, αλλά όχι περισσότερο,

- Μην μιλάτε μόνο για τον εαυτό σας και τις εμπειρίες σας. Λάβετε υπόψη σας ότι ο στόχος δεν είναι μόνο να δείξετε ότι είστε ικανοί, αλλά και ότι η εργασία και ο εργοδότης έχουν κίνητρα για εσάς. Δώστε λοιπόν έμφαση στις πτυχές της εργασίας που σας κάνουν τόσο ενθουσιώδεις. Είναι σημαντικό να μην αφήσετε τη συνοδευτική σας επιστολή να μετατραπεί σε αυτοεπαινετική.

ΜΠΟΡΕΙΤΕ ΝΑ ΓΡΑΨΕΤΕ ΤΗΝ ΙΔΙΑ ΣΥΝΟΔΕΥΤΙΚΗ ΕΠΙΣΤΟΛΗ ΓΙΑ ΟΛΕΣ ΤΙΣ ΑΙΤΗΣΕΙΣ ΣΑΣ;

Όλες οι προσφορές εργασίας έχουν τις δικές τους ιδιαιτερότητες. Επομένως, είναι σημαντικό να προσαρμόσετε τη συνοδευτική σας επιστολή σε αυτές. Ακόμη και αν βρείτε δύο σχεδόν πανομοιότυπες αγγελίες για την ίδια θέση εργασίας, θα πρέπει να προσαρμόσετε την επιστολή σας στον εργοδότη, ο οποίος είναι διαφορετικός. Η εξατομίκευση της επιστολής σας είναι θεμελιώδες στοιχείο και δεν πρέπει ποτέ να στέλνετε την ίδια επιστολή δύο φορές. Φυσικά, μερικές φορές οι επιστολές σας μπορεί να διαφέρουν μόνο σε μερικά σημεία, αλλά είναι ακριβώς αυτές οι λεπτομέρειες που κάνουν τη διαφορά. Μπορείτε να δώσετε στον εαυτό σας την καλύτερη δυνατή ευκαιρία. Η καλύτερη συνοδευτική επιστολή θα είναι αυτή που σας μοιάζει και είναι προσαρμοσμένη στην αγγελία στην οποία απαντάτε.

ΠΡΕΠΕΙ ΝΑ ΜΙΛΗΣΟΥΜΕ ΓΙΑ ΤΗΝ ΑΠΟΣΤΑΣΗ ΜΕΤΑΞΥ ΤΗΣ ΕΤΑΙΡΕΙΑΣ ΚΑΙ ΤΗΣ ΚΑΤΟΙΚΙΑΣ;

Φυσικά, αν μένετε κοντά στο χώρο εργασίας, η διεύθυνση που αναγράφετε στην συνοδευτική επιστολή και το βιογραφικό σας σημείωμα αρκεί για να καταλάβει ο εργοδότης ότι η απόσταση μεταξύ του σπιτιού σας και της εταιρείας δεν αποτελεί πρόβλημα.

Εάν, από την άλλη πλευρά, μένετε πολύ μακριά από τον χώρο εργασίας, τότε καλό είναι να εξηγήσετε τους λόγους της αναζήτησής σας στην περιοχή. Για παράδειγμα, αν σκοπεύετε να μετακομίσετε στην περιοχή όπου βρίσκεται ο εργοδότης, η αναφορά αυτού του γεγονότος θα αποτελέσει πρόσθετο πλεονέκτημα για την αίτησή σας. Επιπλέον, αυτό θα σας δώσει επιπλέον μόρια. Εάν όμως δεν μπορείτε να βρείτε έναν πειστικό λόγο για την απόσταση αυτή, μην το αναφέρετε: δεν υπάρχει λόγος να επιστήσετε την προσοχή του υπεύθυνου προσλήψεων σε κάτι που μπορεί κατ' αρχήν να είναι επιζήμιο για την αίτησή σας.

 ## ΠΡΟΣΟΧΗ!

Ποτέ μην λέτε ψέματα για τη διεύθυνσή σας για να φανείτε πιο κοντά στον εργοδότη. Αυτό θα σας γυρίσει μπούμερανγκ αν σας δοθεί ραντεβού σε σύντομο χρονικό διάστημα, κατά τη διάρκεια της προφορικής συνέντευξης ή ακόμη και όταν πρέπει να δώσετε την πραγματική σας διεύθυνση για τη σύμβαση εργασίας. Εάν γνωρίζετε ότι ο τόπος εργασίας που αναφέρεται σε μια αγγελία είναι πολύ μακριά από το σπίτι σας και ότι θα είναι πολύ περίπλοκο για εσάς να πάτε εκεί, είναι προτιμότερο να εξοικονομή-σετε χρόνο και να μην κάνετε αίτηση. Εκτός βέβαια αν είστε έτοιμοι να μετακομίσετε!

ΑΠΟ ΕΣΑΣ ΕΞΑΡΤΑΤΑΙ!

Τώρα έχετε όλα τα εργαλεία που χρειάζεστε για να γράψετε τις συνοδευτικές επιστολές σας με τον καλύτερο δυνατό τρόπο. Ως τελική παρότρυνση, σας προσφέρουμε έναν κατάλογο ερωτήσεων που μπορούν να σας βοηθήσουν αν δεν έχετε έμπνευση κατά τη σύνταξη της επιστολής σας.

- Γιατί θέλω αυτή τη δουλειά; Ποια είναι τα χαρακτηριστικά που με κινητοποιούν περισσότερο;

- Γιατί θέλω να εργαστώ για τον συγκεκριμένο εργοδότη;

- Τι είναι αυτό στο ιστορικό μου που αποδεικνύει ότι έχω τα προσόντα για αυτή τη θέση εργασίας;

- Ποια είναι η προστιθέμενη αξία μου σε σύγκριση με άλλους υποψηφίους;

- Για ποιο πράγμα είμαι περήφανος σε ό,τι έχω πετύχει; Μπορώ να το χρησιμοποιήσω αυτό ως επιχείρημα;

- Υπάρχει κάποιος τομέας στον οποίο διαπρέπω ιδιαίτερα; Εάν ναι, είναι σκόπιμο να το επισημάνετε;

- Ποια χαρακτηριστικά του χαρακτήρα μου μπορούν να είναι χρήσιμα για τη δουλειά;

- Έχω άλλα πλεονεκτήματα (απόσταση μεταξύ του σπιτιού μου και του χώρου εργασίας, γνώση μιας γλώσσας που θα μπορούσε να είναι χρήσιμη, κ.λπ.);)?

⊙ ΕΡΓΑΣΙΑ ΜΕ ΛΕΞΕΙΣ-ΚΛΕΙΔΙΑ

Μπορεί να είναι χρήσιμο να καταρτίσετε έναν κατάλογο λέξεων-κλειδιών ανά κατηγορία. Όταν απαντάτε σε αυτές τις ερωτήσεις, σημειώστε τις λέξεις-κλειδιά που σας έρχονται στο μυαλό. Στη συνέχεια, ταξινομήστε τα σε ομάδες όπως "δεξιότητες", "κίνητρα", "εμπειρία", "ειδικά πλεονεκτήματα" κ.λπ. Είτε γράφετε είτε ξαναδιαβάζετε την επιστολή σας, θυμηθείτε να ξαναδείτε αυτές τις κατηγορίες για να βεβαιωθείτε ότι δεν έχετε ξεχάσει τίποτα. Τέλος, μην αποθαρρύνεστε αν οι αιτήσεις σας δεν είναι επιτυχείς. Αυτό δεν σημαίνει ότι δεν είστε ικανοί. Διατηρήστε τα ίδια υψηλά πρότυπα στην προετοιμασία των αιτήσεών σας και αυτό θα αποδώσει στο τέλος!

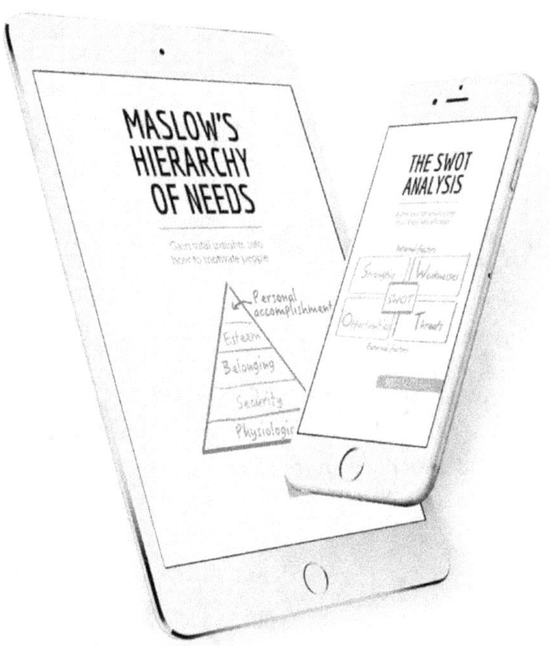

IMPROVE YOUR GENERAL KNOWLEDGE

IN THE BLINK OF AN EYE!

Ο εκδότης διασφαλίζει την αξιοπιστία των πληροφοριών που δημοσιεύονται, η οποία όμως δεν μπορεί να αποτελέσει ευθύνη του.

Κύριο ISBN: 9782808664370
ISBN: 9782808671798
Νόμιμη κατάθεση: D/2023/12603/501

Ψηφιακός σχεδιασμός: Primento,
ο ψηφιακός συνεργάτης των εκδοτών.

www.ingramcontent.com/pod-product-compliance
Lightning Source LLC
LaVergne TN
LVHW010842200726
843508LV00012B/2709